Die Druckfabrik in Guntramsdorf

www.druckfabrik.at

Wir danken der Marktgemeinde Guntramsdorf

für die Unterstützung

**MARKTGEMEINDE GUNTRAMSDORF
BETRIEBS- UND LIEGENSCHAFTS GMBH & CoKG**

Rathaus Viertel 1/1, 2353 Guntramsdorf
TEL: 02236/53 501, FAX: 02236/53 501 162
www.mgbl.at, office@mgbl.at

… das menschliche Schmuckbedürfnis vor allem
preiswert zu stillen …

Die Druckfabrik in Guntramsdorf

Herausgegeben von
Sylvia Unterrader und Lilly Unterrader

Bibliografische Information der Deutschen Nationalbibliothek: Die
Deutsche Nationalbibliothek verzeichnet diese Publikation in der Deutschen
Nationalbibliografie; detaillierte bibliografische Daten sind im Internet über
dnb.dnb.de abrufbar.

© 2020 Sylvia Unterrader; Lilly Unterrader (Hg.)
Marktgemeinde Guntramsdorf

„Herstellung und Verlag: BOD – Books on Demand, Norderstedt"
ISBN 9783750423619

Inhaltsverzeichnis

Das Titelzitat stammt aus der Broschüre „100 JAHRE GUNTRAMS-
DORFER DRUCKFABRIK AKTIENGESELLSCHAFT 1849-1949", Sei-
ten 9 und 11. Der vollständige Satz lautet: „Dem Stoffdruck kommt das
große Verdienst zu, das menschliche Schmuckbedürfnis vor allem preiswert
zu stillen."

Vorwort

Die Guntramsdorfer Druckfabrik ist seit mehr als 150 Jahren ein wesentlicher Bestandteil des Selbstverständnisses unseres Ortes. War der Betrieb früher einer der wichtigsten Arbeitgeber unserer Gemeinde, bietet das Areal aufgrund seiner Größe und der zentralen Lage heute die Chance einer zukunftsweisenden städtebaulichen Entwicklung.

Hier mehrere Aspekte darzustellen, war das Anliegen der Herausgeberinnen, und das macht auch die vorliegende Publikation besonders. Sie richtet sich damit einerseits an diejenigen, die sich für die Geschichte unseres Ortes interessieren, aber genauso an jene, denen die Zukunft Guntramsdorfs am Herzen liegt.

Im historischen Kontext kommen ehemalige Beschäftigte zu Wort, diese persönlichen Erinnerungen sowie frühe Fotodokumente bringen die Arbeitssituation etwa der fünfziger Jahre ins Bewusstsein.

Weiters wird ein Blick auf das heutige Gelände und die gegenwärtige Situation geworfen, um schließlich Visionen und Ideen für die zukünftige Gestaltung abzubilden.

Dieser Band bietet über mehrere Zeitebenen hinweg eine spannende Sicht auf unseren Ort.

Ich danke den beiden Herausgeberinnen für ihr Engagement und ihren Enthusiasmus, die für das Gelingen eines solchen Projektes unabdingbar sind.

Robert Weber, MSc, Bürgermeister der Marktgemeinde Guntramsdorf

Wir widmen diese Dokumentation unserem 2016 verstorbenen Vater Alois Unterrader, der in den vierziger und fünfziger Jahren mehrere Jahre als Färber in der Guntramsdorfer Druckfabrik gearbeitet hat.

Sylvia und Lilly Unterrader

Editorial

Ein blaues Stück Stoff war ausschlaggebend und eine frühe Erinnerung. Als ein dreijähriges Mädchen mit seiner Mutter, die den kleinen Bruder auf dem Arm hielt, vor dem Tor der Guntramsdorfer Druckfabrik stand und auf den Vater wartete. Dieser arbeitete in der Färberei, eine anstrengende Tätigkeit, denn in den Hallen, in denen die großen Färbekessel standen, herrschten große Hitze und der Geruch der Chemikalien. Der Vater brachte gelegentlich Stoffpakete mit nach Hause, Restware, die von den Angestellten und Arbeitern günstig erworben werden konnte.

Jahre später schenkte die Mutter ihrer Tochter einen kleinen Stoffballen, auf mittelblauem Untergrund verstreute Blüten weckten sogleich die Erinnerung an die von der Mutter genähten Kleider und Blusen, die das kleine Mädchen damals getragen hatte, Erinnerungen auch an dunkelblaue Arbeitskleidung, die der sehnlichst erwartete Vater nach

Hause gebracht hatte und aus der die Farbflecken und der Chemikaliengeruch nie ganz zu entfernen waren.

Vor wenigen Wochen standen wir nun vor jenem Tor der Druckfabrik, unverändert die metallenen Buchstaben über dem Eingang, das einstige kleine Mädchen und ihre um vieles jüngere Schwester, die manches nur aus den wenigen Erzählungen des Vaters kannte.

„Grabe, wo du stehst", eine Anleitung zur Erforschung der eigenen Geschichte, die in den späten siebziger Jahren in Schweden von Sven Lindqvist veröffentlicht wurde und in weiterer Folge zu zahlreichen Geschichtswerkstätten in Europa und den USA führte, stand genauso Pate bei der Entstehung der vorliegenden Publikation wie auch weitere Arbeiten über die Sozial- und Industriegeschichte vor allem unserer Region.

Interviews mit ehemaligen Mitarbeitern der 1962 geschlossenen Druckfabrik gaben Aufschluss über Arbeitsbedingungen und das soziale wie wirtschaftliche Umfeld der Beschäftigten in den fünfziger und sechziger Jahren, die geprägt waren sowohl von den Folgen des Zweiten Weltkrieges als auch vom einsetzenden ökonomischen Aufschwung.

Dieser brachte es jedoch mit sich, dass etliche Produktionsstätten in Europa geschlossen wurden, um diese etwa in den Fernen Osten zu verlagern, speziell aber neue Entwicklungen in der Drucktechnik führten zum Ende der Guntramsdorfer Druckfabrik als Produktionsstätte.

Die Angestellten und Arbeiter hatten in der damaligen Zeit glücklicherweise kaum Probleme, erneut Arbeit zu finden, in der Umgebung gab es genügend Firmen und viel mehr Arbeitsplätze als Arbeitssuchende.

Das Areal und die Gebäude, die Hallen der Fabrik wurden seitens der Gemeinde, nachdem sie diese angekauft hatte, einer Nachnutzung zugeführt, Lagerräume und Büros wurden und werden bis heute an Firmen und Initiativen vermietet. Bemerkenswert ist, dass das Ensemble großteils, manche Produktionshalle und auch einige technische Einrichtungen erhalten geblieben sind. Denn vieles an beweglichen Gütern war gleich nach Kriegsende von den Besatzern abtransportiert worden und musste danach für die weitere Produktion erst wieder angeschafft werden.

Dass die Marktgemeinde Guntramsdorf die Druckfabrik als Teil ihrer Geschichte erhalten will, ist ebenso erfreulich wie die Bestrebungen, diese sorgsam einer zukunftsweisenden Nachnutzung zuzuführen.

Darum beginnen wir, wo wir uns befinden: in der Gegenwart und vor dem Tor der Guntramsdorfer Druckfabrik. Wir machen den ersten Schritt Richtung der Visionen und Ideen für die Zukunft. Im Interview mit dem Bürgermeister. Mit ihm begeben wir uns zudem auf einen Rundgang durch das Areal. Bestaunen das funktionierende Dieselnotstromaggregat aus den Anfängen des 20. Jahrhunderts und die seinerzeitige, bis heute noch voll in Betrieb stehende Elektroschaltanlage. Danach blicken wir zurück in die Geschichte, mithilfe der Erinnerungen ehemaliger Mitarbeiter, durchforsten das Heimatmuseum nach Artefakten und Dokumenten, sprechen mit dem ehemaligen Feuerwehrkommandanten Guntramsdorfs und sichten unzählige Fotos und Unterlagen. Vorschläge und Visionen, resultierend aus einem Wettbewerb der Technischen Universität, führen uns letztendlich zu einer möglichen Nutzung des geschichtsträchtigen Areals.

Sylvia Unterrader   *Lilly Unterrader*

Interview mit Robert Weber,
Leiter der Druckfabrik Guntramsdorf

Herr Weber, welche Bedeutung hat Ihrer Ansicht nach die Druckfabrik für Guntramsdorf, seine Bevölkerung und das Umland?

Dieses alte Fabriksareal hatte immer schon eine große Bedeutung für die Region. Früher einfach aus der Tatsache heraus, dass es der größte Arbeitgeber hier war. Nach der Schließung der Produktion 1962 ist der Ort stets kritisch beäugt worden, weil durch die Widmung und weitere Nutzung solch einer Anlage mitten im Herzen einer Gemeinde immer auch ein Gefahrenpotenzial ausgeht. Welche Betriebe würden sich hier ansiedeln, was bedeutet das punkto Emissionen, Lärm, Staub ...?

Wie ist nun die jüngere Geschichte des Areals?

Beginnen wir mit der Gegenwart: Mein jetziges Büro war das damalige Lohnbüro. Gewisse Gebäudeteile gibt es heute auch gar nicht mehr.

2006 trat schließlich die Gemeinde in Verhandlungen mit dem letzten verbliebenen Eigentümer, Direktor Ulrich Hovadek. Dies mündete darin, dass man das Areal um etwa 3 Mio. Euro gekauft und wir es in die Beherrschbarkeit der Gemeinde gebracht haben.

Zu Beginn galt es die Mietverträge zu analysieren und einen

Überblick für eine einheitliche Verwaltung zu gewinnen. Einer der ersten Schritte war weiters die Entwicklung des Ärztezentrums. Die Lage der Druckfabrik, mitten in der Kernzone von Guntramsdorf, macht ja praktisch alles möglich, was man sich in der städtebaulichen Konzeptionierung vorstellen kann.

Was assoziieren die Guntramsdorfer mit der Druckfabrik? Sowohl die Alten als auch die Jungen?

Speziell die ältere Generation hat daran mit Sicherheit noch viele Erinnerungen. Viele heute 75- bis 90-Jährige haben hier teilweise noch gearbeitet oder gelernt. Und da hört man oft, dass es ein sehr sozialer Betrieb war. Es gab einen eigenen Kindergarten, und beim Portier vorne gab es Duschen. Das war zur damaligen Zeit etwas Besonderes. Und jene, die den Portier kannten, durften sich oder ihre Kinder dort duschen.

Was die Guntramsdorfer heute noch damit verbinden? Einerseits zweifelsohne das Ärztezentrum, das sechs bis sieben Fachärzte beherbergt. Das macht es zu einem Aushängeschild. Zum anderen sehen viele GuntramsdorferInnen sicherlich auch das städtebauliche Potenzial, welches mit dem Areal nach wie vor gegeben ist. Wir haben die Marke Guntramsdorfer Druckfabrik ja bewusst beibehalten und ein Logo entwickelt.

Nachdem die Gemeinde 2007 das Gelände der Druckfabrik erstanden hat, gab es u.a. einen Architektur-Studentenwettbewerb, einen Umbau 2009. Was wurde aus dem Siegerprojekt? Welche Schritte wurden seit der Übernahme durch die Gemeinde schon realisiert, welche sind noch in Planung?

Wir hatten immer schon einen guten Kontakt zur TU, den wir dann im Zuge des Studentenwettbewerbes nutzten, um uns auch ein bisschen selbst die Scheuklappen zu nehmen. Die Studenten haben den Ort anders wahrgenommen als wir, es war ja kein einziger Guntramsdorfer dabei. Das Ziel dessen war aber nicht, dass wir diese Entwürfe und Ideen auch gleich umsetzen. Herausgekommen sind teilweise nicht wirklich realisierbare Projekte, aber sie haben uns in unserem Denken weitergebracht. Wir haben die Ergebnisse dann in einer Ausstellung der Öffentlichkeit zugänglich gemacht.

Was die aktuellen Planungen betrifft, muss ich vorausschicken, dass wir in den vergangenen Jahren einige große Baustellen seitens der Gemeinde im Ort hatten, etwa das Rathausviertel oder das neue Oberstufenrealgymnasium. Wir haben auch, weil keine Dringlichkeit gegeben ist, das Projekt etwas hintangestellt. Zudem kann sich das Areal derzeit selbst tragen, mehr als 90% der Flächen sind vermietet, das bedeutet etwa 200.000 Euro an Zuschuss für die Gemeinde jedes Jahr.

Welche Pläne gibt es aktuell?

Es gibt viele Ideen, aber keine konkreten Pläne. Wir sind mit Städtebauern, Verkehrsexperten zusammengesessen und sehen uns Best Practice-Beispiele wie etwa das Areal der alten Ankerbrot-Fabrik in Wien Favoriten an. Die standen vor einer ähnlichen Aufgabe und haben es der Kultur gewidmet. Wir gehen nun Schritt für Schritt weiter.

Es gibt vieles zu beachten, so haben wir teilweise noch alte unbefristete Verträge.

Für die nächste Periode möchte ich vorantreiben, dass in der Druckfabrik für Guntramsdorf ein Platz der Begegnung entsteht und dieser auch entsprechend belebt wird. Wir müssen grundlegende Entscheidungen treffen: Welche Gebäude sollen beibehalten, welche abverkauft werden. Wohin mit unserem alten Bauhof? Denn erst wenn wir Ersatzflächen für den dringenden Neubau unseres Bauhofes gefunden haben, haben wir freien Weg für den hinteren Teil der Druckfabrik. Das wird dann einer der ersten Abschnitte sein, den wir eher als Wohnbereich sehen.

Die Flächen der Druckfabrik sind nach wie vor Bauland-Betriebsgebiet. Glücklicherweise haben wir im Wesentlichen keinen Denkmalschutz drauf.

Als Zeithorizont denke ich, kann man von einer 2- bis 3-jährigen Planungsphase und einer Entwicklungsphase von etwa fünf Jahren ausgehen.

2009 gab es einen ja bereits einen Umbau ...

Ja, das war das Ärztezentrum, welches sehr aufwendig auf den neuesten Stand gebracht wurde.

Soll die Grundanmutung, etwa der Schornstein, beibehalten werden? Dieser wurde ja schon zweimal verkürzt, warum eigentlich?

Der Schornstein musste in den sechziger und achtziger Jahren jeweils verkürzt werden, weil der Blitz öfter eingeschlagen hat. Was die zukünftige Anmutung betrifft, denke ich, dass es schon einige erhaltenswerte Gebäude gibt, etwa eine alte Fabrikshalle, wo früher ein Oldtimerverleiher untergebracht war. Die stellt den Charakter einer Fabrikhalle dar, den man so heute kaum noch findet. Zum anderen natürlich ist auch der Schornstein erhaltenswert, der aber ebenfalls einer Sanierung bedarf. Weiters gibt es noch ein uraltes Diesel-Notstromaggregat aus dem Anfang des 20. Jahrhunderts. Das hat ein Mieter vor einigen Jahren in mühevoller Kleinarbeit restauriert. Die Maschine hat drei Zylinder und einen Transmissions-Riemen und ist nun wieder voll funktionsfähig. Hier kann man lebende Geschichte spüren.

Wie möchte man die Bedeutung des Areals auch in Zukunft weitertragen bzw. ausbauen?

Diese Vision ist noch im Detail zu erarbeiten. Soll es in Richtung Wirtschaft, Kultur, Wohnen gehen oder ein Raum der Begegnung entstehen? Eines ist jedoch klar, es wird der Nutzen für den Ort im Mittelpunkt stehen. Auch das Thema Grünraum rund um den Mühlbach mit einem Park und einem kleinen Café ist es wert, anzudenken. Dazu kommen wirtschaftliche Punkte und auch der Kulturbereich.

Für mich persönlich ist das Thema Wohnen und Wohnraumschaffung immer zweischneidig. Ich würde auch forcieren, dass wir in das Zeitalter Druckfabrik 2.0 gehen und das Konzept der kurzfristigen Raumanmiete auch fortführen. Die Mietcontainer, die wir etwa als Zwischenlösung anbieten, sind ständig ausgebucht. Vielleicht könnte eine Halle als Self Storage entstehen, das hätte den positiven Nebeneffekt, dass damit auch eine Belebung einhergeht.

Welche Bedeutung soll Kultur spielen?

Aktuell haben wir den Schützenverein da, ein Veranstaltungsteam und das Jugendzentrum. Vieles kann noch geschehen und jeder hat hier eine andere Meinung. Im Endeffekt wird die Entscheidung dann im Gemeinderat gefällt.

Wäre es auch denkbar, ein Museum einzurichten?

Leider gibt es nicht mehr allzu viel Material. Aber einen Hotspot der Erinnerung, etwa dort, wo das Diesel-Notstromaggregat steht, das kann ich mir gut vorstellen. Wir haben in Guntramsdorf ja auch ein Museum der Walzengravieranstalt. Die Walzen, mit denen die Stoffe bedruckt wurden, sind ja nicht gegossen, sondern graviert worden. Und ich kann mich erinnern, als ich in der Volksschule war, gab es hier in Guntramsdorf sogar noch einen Walzengraveur.

Warum haben historische Anlagen eine derartige Faszination auf die Bevölkerung und welche Werte kann man damit vermitteln, insbesondere auch der Jugend?

Ich sehe das auch an unseren Kindern. Die sind 19 und 21 und interessieren sich sehr für die Vergangenheit. Klar, die ganze Thematik Industrial Design ist auch eine Modeerscheinung, aber im Prinzip gab es das immer. Denn welches neue Gebäude steht heute schon 100 Jahre. Hier, am Areal der Druckfabrik, sind die ältesten Gebäude mehr als 100 Jahre alt. Damals hat man einfach mit einem anderen Wertedenken gebaut. Vielleicht macht das auch einen Teil der Faszination aus. Es ist immer interessant, sich mit der Vergangenheit zu beschäftigen. Mit einer Architektur von früher. Wenn Altes in die Neuzeit transferiert wird und Nutzen stiften kann ...
Mir geht es darum, ein Industriekulturgut bestmöglich zu erhalten und es gleichermaßen neu zu beleben.

Das Interview führte Lilly Unterrader Ende Mai 2019.
Im Anschluss begleitete Robert Weber die beiden Herausgeberinnen durch das Gelände, unter anderem auch zum erwähnten Diesel-Notstromaggregat.

Rundgang

Eingang zur Druckfabrik, die heute einigen Firmen Unterkunft bietet, wie auf den Informationstafeln links zu ersehen ist.

Darüber hinaus steht ein paar Schritte weiter den Guntramsdorfern ein modernes Ärztezentrum zur Verfügung.

Weiter führt der Weg vom revitalisierten ersten Innenhof ...

... zum zweiten Innenhof mit der charakteristischen Rundung. In den beiden Abschnitten befanden sich unter anderem die Färberei, die Appretur, die Legerei sowie weitere Abteilungen des Betriebs. Auch diese Hallen sind heute großteils vermietet und werden als Büros oder Magazine genutzt.

Wir gelangen schließlich zu einem Saal, wo wir das restaurierte, voll funktionsfähige Notstromaggregat vorfinden.
Im selben Raum befindet sich auch die ursprüngliche Elektroanlage, die nach wie vor in Betrieb ist.

Dann entdecken wir in einem hinteren Winkel am Boden einer Holzkiste das „Kontrollbuch Trafostation"mit Einträgen aus den 1960er-Jahren.

Es ist angedacht, diese Halle als kleines Museum zu gestalten und hier die Geschichte der Druckfabrik lebendig zu erhalten.

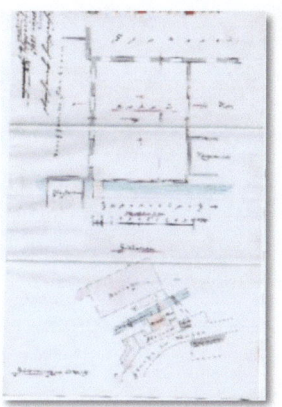

Zum Schluss werden wir in den hinteren Teil des Areals geführt, wo sich seinerzeit die Bleiche und der Badner Bach befanden, wie aus dem nebenstehenden Plan aus dem Jahre 1898 ersichtlich ist …

… und werfen letztendlich noch einen Blick auf den Schornstein, der im Laufe der Jahre zweimal verkürzt wurde.

Eine Geschichte, zwei Areale und viele Beteiligte[1]

In der jüngeren Geschichte scheint die Druckfabrik Guntramsdorf in erster Linie im Zusammenhang mit drei Ereignissen medial auf. So wird einerseits aufgrund mehrfachen Blitzeinschlages der ursprünglich 64 Meter hohe Schornstein in den Jahren 1968 und 1982 auf nunmehr 46 Meter gekürzt.

Filmreif sind auch zwei Großbrände 1984 kurz aufeinanderfolgend. Als vermeintlicher Verantwortlicher wird später der Portier ausfindig gemacht, der mit dem Feuerzeug in den Hallen nach Lack suchte. Der verursachte Schaden beläuft sich damals auf kolportierte 15 Mio. Schilling.

Brand 1984; Foto: Nothnagel

Weiters wird darüber berichtet, als 2007 die Gemeinde Guntramsdorf dem letzten Eigentümer die Liegenschaft abkauft und das Gelände damit in ihre Beherrschbarkeit bringt. Damit beginnt auch die weitere Planungsphase.

---

[1] *Die Geschichte der Druckfabrik ist frei nacherzählt nach: Marktgemeinde Guntramsdorf; Hagenauer, Johann und Wurth, Ernst (Hg.): Fürstenhof und Mittermühle. Aus der Industriegeschichte von Guntramsdorf. Wiener Verlag, Himberg, 1992*

Es folgt ein Studentenwettbewerb zur Ideenfindung *(siehe auch Seite 49)* sowie ein Umbau 2009, indem ein Ärztezentrum am Gelände errichtet wird. Die Hallen sind bis zum heutigen Tage vermietet und können sich dank einer sehr guten Auslastung stets selbst finanzieren.

Aber blicken wir einmal zurück an die Anfänge, denn die Geschichte des ursprünglichen Areals am Standort Fürstenhof reicht viel weiter zurück. Genauer gesagt in das Jahr 1711, als Lukas von Hildebrandt für Hartmann von Liechtenstein ein Schloss ebendort erbaut. Nachdem die dem Schloss vorgelagerten Gebäude, der so genannte Fürstenhof, 1760 ausbrannten, ersteht der k. u. k. Oberhofzuckerbäcker Johann Michael Peyerl das Gelände. Dort installiert er 1767 neben einer Baumwollspinnerei und Leinwanddruckerei auch eine „Cotton-Fabrique" – und legt damit auch einen ersten Grundstein des Industriezeitalters in der Gegend. Hohe Investitionen ermöglichen Peyerl sogar eine Pionierleistung im Bereich der Textilindustrie – so erwirbt er etwa eine davor in Österreich nicht verwendete Maschine zum Drucken der Zitze und Kattune und richtet erstmals eine englische Blaufärberei ein – doch die Schulden wachsen dem unerfahrenen Peyerl 1772 schließlich über den Kopf und die Wiener Weberschaft übernimmt den Betrieb der „Zitz- und Kottonfabrik". Auch diese Bemühungen sind nicht langfristig von Erfolg gekrönt und die erste Periode der Guntramsdorfer Industriegeschichte endet 1773 wenig rühmlich mit der Schließung der Fabrik.

Einige erfolglose Versuche einer Versteigerung später ersteht 1782 der Wiener Fabrikant Josef Lepper das Areal und etabliert darauf eine Leinwanddruckerei und in Folge einen Vorzeigebetrieb in der Region, in dem bis zu hundert Arbeiter Beschäftigung finden.

Der Großkaufmann Simon Jancovich kauft den Betrieb 1809 um 100.000 Gulden und führt zeitgemäße Neuerungen wie den Walzendruck und die chemische Bleiche ein. Doch auch Jancovich tappt nicht zuletzt aufgrund dieser Erneuerungen in die Schuldenfalle und muss 1827 gänzlich die Segel streichen.

Vitus Mayer tritt auf den Plan

1835 schließlich tritt Vitus Mayer erstmals auf, ein Branchenerfahrener, der sowohl eine Grundausbildung als auch praktische Erfahrung mitbringt. Der anfangs angefeindete Israelit kann sich bald Anerkennung, ob der hervorragenden Qualität seiner Erzeugnisse als auch seiner Erfindungen (schön bedruckte Kattune und auch einer „Streckmaschine für Kattundruckereien von eigener Erfindung"[2]) erfreuen. 1839 erweitert er die Produktion seiner „k. u k. Privilegierte Zitz- und Cottonfabrik, V. Mayer" um Musseline und Schafwollwaren und tritt weiterhin als Erfinder auf. Der Mitarbeiterstand der Fabrik beläuft sich 1845 auf bis zu dreihundert Leute. Viele davon, so ist zu lesen, beschäftigt Mayer aus sozialen Gründen, um die hohe Arbeitslosigkeit im Raum Wien etwas zu lindern.

Vitus Mayer
k. k. priv. Großhändler und Gründer der Zitz- und Kattunfabrik zu Gündramsdorf
1786 - 1865
nach einem Gemälde von Anreiter

Das Revolutionsjahr 1848 und der „Maschinensturm", der auch die Druckfabrik teilweise verwüstet, setzen dem Betrieb und seinem Ansehen schwer zu. Mayer baut zwar den alten Standort wieder auf, erwirbt aber gleichzeitig die Liegenschaft „Mittermühle" als Erweiterung seines Unternehmens. Bald darauf folgt die komplette Übersiedlung der Fabrik, das Gelände der alten Druckfabrik wird größtenteils der Wohnraumschaffung gewidmet, heute steht dort die Wohnhausanlage Kühnhof.

---

[2] *zit. nach: Hagenauer, S. 11*

Die Mittermühle

Die Geschichte dieses Standortes beginnt im Jahr 1133, als das Zisterzienserstift Heiligenkreuz gegründet wird. Die Mittermühle bleibt über Jahrhunderte im Besitz des Klosters, als einer der sogenannten „Zehenthöfe". Zu Beginn des 19. Jahrhunderts gelangt die Mühle, direkt am Badener Mühlbach gelegen, in den Besitz der Herren Weyher, von Gelinck und Estler, die dort 1805 die Guntramsdorfer Papierfabrik unter dem Namen „Estler & Comp" begründen. Seit 1808 führt Weyher alleine die k. u. k. Privilegierte Guntramsdorfer Papierfabrik weiter, bis 1817, als der jüdische Kaufmann Jonathan Uffenheimer die Fabrik von ihm pachtet. Uffenheimer tritt später zum katholischen Glauben über. 1824 holt er die Befugnis für Spielkarten ein und beschert dem Betrieb damit einen regelrechten Höhenflug. Doch dieser soll nicht von langer Dauer sein. 1826 übernimmt sein Sohn Max das Unternehmen und dieser meldet bereits 1827 den Konkurs an.

Uffenheimer bleibt trotz allem für die Branche und seine Zeit absolut prägend, nicht nur als Spielkartenerzeuger, sondern auch bei einschlägigen Patenten und einer neuartigen Papierbleichmethode.

Nach mehrfachem Besitzerwechsel kommt erst 1837 mit Eduard Fürst und Emanuel Breisach wieder – zumindest für einige Jahre – Kontinuität in das Werk. Neben den durch den Mühlbach betriebenen Wasserrädern installieren die beiden bereits zwei Dampfmaschinen mit einer Kapazität von 90 PS. Zweihundert Mitarbeiter arbeiten im Werk. Bis 1844 dauert die Ära der Papierfabrik der beiden. Ihr Repertoire umfasst Lithographiepapiere, Kanzlei-, Konzept-, Schrenz- und Postpapiere sowie Kartons und farbige Papiere. Warum das Unternehmen letztlich schließen muss, ist unbekannt.

Vitus Mayer übersiedelt auf den Standort Mittermühle

1849 schließlich beginnt die Ära des Vitus Mayer auf diesem Areal. Er und seine Nachkommen sollen die Liegenschaft für viele Jahre und darüber hinaus entscheidend prägen. Mit dem Eintrag ins Grundbuch begründet er 1849 die „Zitz- und Kottonfabrik". Fünf Jahre später schon, 1854, heißt das Unternehmen mit dem Eintreten seiner beiden Söhne Albert und Franz Mayer fortan „k. u. k. Priv. Druckfabrik, V. Mayer & Söhne" und man produziert, wie zu lesen ist, „gedruckte Leinwand und Tüchel".

Und dies durchaus auch unter Einsatz von Kinderarbeit. Eigentlich seit 1839 verboten, ist es damals durchaus gang und gäbe, auf geschickte Kinderhände zurückzugreifen. Dokumentiert wird dies unter anderem in den Aufzeichnungen über das Fehlen derselben im Unterricht.

1865 verstirbt der Vater Vitus, 1872 legen Eleonore und Franz Mayer ihr Privilegium für Spinnerei, Weberei und Druckerei zurück, das Unternehmen firmiert nun als Aktiengesellschaft für Spinnerei, Weberei und Druckerei. Bereits 1874 geht das Unternehmen jedoch wieder in den Besitz der Familie Mayer über. Die Umstände und Ursachen für diese Bewegungen sind heute unklar.

Beachtung findet die Fabrik unter anderem, als bei der 1873 in Wien abgehaltenen Weltausstellung in der Fabrik extra angefertigte Erinnerungstücher zu großen Ehren kommen. Die Guntramsdorfer Druckfabrik ist ein Vorzeigeunternehmen.

Mayer und seine Söhne machen sich über die Jahre und trotz der Kinderarbeit gerade in sozialen Belangen immer wieder einen guten Ruf. Man fällt etwa durch die Bezuschussung einer Schule, Lieferung von Brennmaterial für den Kindergarten, der Errichtung einer neuen Orgel für die Gemeindekirche und vielem mehr auf.

Nicht zuletzt deshalb wird Albert Mayer Jahre später, 1890, von Kaiser Franz Josef in den Adelsstand mit dem Prädikat Edler von Gunthof erhoben.

1883 begründet die Fa. Mayer & Söhne eine Kunstbleicherei und leistet abermals Pionierarbeit. Im gleichen Jahr wird auch die legendäre Fabriksfeuerwehr gegründet. Sie war die erste ihrer Art in der Region.

Die Fabriksordnung der Druckfabrik

Einblicke in das tägliche Arbeitsleben von damals gewährt auch die Fabriksordnung der Druckfabrik. Im Folgenden einige Auszüge aus der Fassung aus dem Jahre 1885:

„§1 Die in der Fabrik bediensteten Arbeiter (Rouleaux-Drucker[3], Handwerker, Maschinisten, Professionisten, Kesselarbeiter, Graveure, Moletteure[4], Arbeiter in der Farbküche, Färberei, Bleicherei, Wäscherei, Appretur und sonstige Hilfsarbeiter) sind teils Taglöhner, teils Wochenlöhner und Beamte. Bei ersteren werden Weiber und Kinder (diese jedoch nur nach überschrittenem 14. Lebensjahr und beendeter Schulpflicht) verwendet, jedoch nur zu leichten Handarbeiten wie Zureichen, Nähen, Aufhängen und Abnehmen, zum Messen, Ablegen und Adjustieren der weißen und fertigen Ware etc."

Die Arbeitszeit betreffend:

§3 […] von 6 Uhr früh bis 6 Uhr abends, im Winter von 7-5 Uhr mit einer Unterbrechung von einer Stunde Mittagszeit. An Zahltagen wird die Arbeit ½ Stunde früher beendet, ferner ist um 8 Uhr früh und nachmittags um ½ 4 je ½ Stunde Frühstücks- respektive Jausenzeit, wobei jedoch ein Stillstand der Maschinen nach Möglichkeit zu vermeiden ist […]

Details über den Alltag sowie die Entlohnung der damaligen Arbeiter und Angestellten liefert das im Jahr 1878 von der Handels- und Gewerbekammer Wien publizierte Werk über das „Gebiet des

---

[3] *Arbeiter an einer Maschine, die: „[...]zum Teil die Großen der Sparte. […] Ihre Produktionsprogramme sind recht einheitlich. Überwiegend Wäsche-, Kittel- und Schürzendrucke im Stapel und mit relativ niedriger Farbigkeit der Dessins." zit. nach Mandt, Thomas: Stellung und Struktur der Textilveredelungsindustrie in Frankreich. Springer, 1970, Seite 36*

[4] *Begriff für den Berufsstand, der verantwortlich für die Konzeption eines Tapetenmusters war. Zit. nach: https://www.kreiszeitung.de/lokales/diepholz/besonderes-geschenk-1548475.html; 17.12.2019*

Schwechatflusses in Niederösterreich". Im Teil über die Druckfabrik steht zu lesen:

„Die Fabrik bearbeitet jährlich von Schafwollgeweben ungefähr 1,023.000 Meter und verbraucht an vegetabilischen Farbstoffen 33.600 kg, an animalischen Farbstoffen (Cochenille) 3.360 kg, an mineralischen Farbstoffen 22.400 kg [...]"

Über den Absatz steht weiter geschrieben: „Die Menge der erzeugten Waren, welche sich nach Aufhebung des Appreturverfahrens noch steigern würde, beträgt jetzt 20.000 Kaschmire, 30.000 Dutzend kleine Tücher und 15.000 Stück größere Tücher im Gesamtwerte von 80.000fl." (Österreichische Gulden, Anm. der Herausgeberinnen)

Äußerst interessant scheint in diesem Zusammenhang die Entlohnung, welche sich wie folgt gestaltet:

„In der Fabrik sind nebst 3 Zeichnern und 2 Koloristen noch 267 Arbeiter beschäftigt, als: 2 Roleauxdrucker mit je 18 fl, 4 Graveure mit je 16 fl, 2 Druckermeister mit je 15 fl, 60 Drucker mit je 14 fl, 8 Formstecher mit je 13 fl, 20 Druckerinnen mit je 7fl, 1 Heizer mit 9 fl, 10 Lehrlinge mit je 4 fl, 60 Taglöhner mit je 7 fl 20 kr, 40 Taglöhnerinnen mit je 4 fl 80 kr, 60 Kinder (sic!)(40 Mädchen, 20 Knaben) mit je 1 fl 60 kr Wochenlohn." Auch ein Sozialsystem war damals bereits installiert: „Für sämtliche Arbeiter der Fabrik ist seit vielen Jahren der Beitritt zur Wiener Neustädter Krankenkasse obligatorisch."

Der Enkel Franz-Josef

Franz-Josef Mayer von Gunthof, der Enkel von Albert, wird just am Geburtstag des Kaisers im Jahr 1894 geboren und wird zu dessen Ehren auf seinen Namen getauft. Jahre später führt er das Unternehmen auch sorgfältigst weiter. Nach dem Studium übernimmt er 1920 die ebenfalls im Familieneigentum befindliche Weberei in Mährisch-Trübau, mit der Druckfabrik verbindet ihn bis zuletzt, dass er als Vorsitzender im Aufsichtsrat tätig ist. Als 1906 Albert stirbt, wird kurz darauf nach einem Erlass des Innenministeriums die Bewilligung zur Errichtung einer Aktiengesellschaft erteilt. Fortan heißt das Unternehmen Guntramsdorfer Druckfabrik A.G. Und ihr erster Präsident heißt Oskar Mayer von Gunthof.

„Zweck der Gesellschaft ist die gewerbsmäßige Erzeugung und der gewerbsmäßige Betrieb von Weberei- und Druckereifabrikaten aller Art sowie der diesem Fabrikationszweig dienenden Neben- und Hilfsartikel und der Betrieb der zur Förderung dieser Zwecke dienenden Handelsgeschäfte"[5], heißt es da.

Es folgen Schicksalsjahre für die Familie und die Druckfabrik. Drei Brände dominieren das Jahr 1912, in dem die Werksfeuerwehr Schlimmeres verhindern kann.

Die fabrikseigene Feuerwehr, aufgenommen 1912

1913 stirbt schließlich der hoch ausgezeichnete Oskar Mayer überraschend und nur 47-jährig an einem Schlaganfall.

---

[5] zit. nach: Hagenauer, S. 33

Als 1914 der erste Weltkrieg ausbricht, geht das freilich nicht spurlos an der Druckfabrik vorbei. Die Druckwalzen aus Kupfer müssen der Rüstung geopfert werden, die Wäscherei arbeitet auf Hochtouren für die Lazarettwäsche. Das Ende der Monarchie bedeutet für die gesamte Branche ein Umdenken und Umorganisieren, was die Guntramsdorfer Druckfabrik jedoch vorbildlich meistert. Man nutzt die Zeit nach dem Krieg zur Reorganisation, Rationalisierung von Arbeitsvorgängen und Findung neuer Märkte. 1922-24 werden unter anderem eine neue Heizanlage, aber auch ein eigenes Fabriksgeleis zur Station Kaiserau der Aspangbahn installiert. Unter dem Strich geht man nach dem Krieg gestärkt hervor, ja sogar einer neuen Blütezeit entgegen. Selbst der Weltwirtschaftskrise 1929 kann man erfolgreich trotzen.

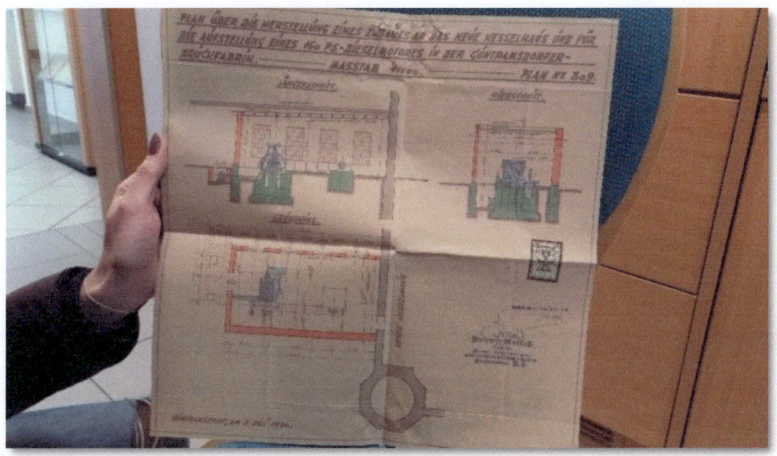

Plan Zubau Kesselhaus 1930

Die einst wesentliche Wasserkraft macht auch in der Guntramsdorfer Druckfabrik den Dampfmaschinen Platz. Nur mehr zu einem kleinen Teil wird die Energie aus der Wasserkraft bezogen, vor allem Dampfmaschinen (450 PS) und Dieselmotoren (150 PS) leisten fortan ihre Dienste. Sehen lassen kann sich auch das Inventar der Fabrik, das sehr mannigfaltig und reichhaltig ist: Es reicht von Druckmaschinen, Maschinen für Färberei, Bleicherei, Wäscherei bis zu Einrichtungen für eine Schlosserei und Tischlerei.

Der 2. Weltkrieg

Eine Zäsur bringt wenig überraschend der Zweite Weltkrieg. Eine neue Betriebsordnung verlangt 1938 anlässlich des Anschlusses an

Nazi-Deutschland ein „Verhalten […] zur Volksgemeinschaft […] nach den verpflichteten Grundsätzen der nationalsozialistischen Weltanschauung."[6]

Naturgemäß fordert auch der 2. Weltkrieg seinen Tribut. Die Mehrheit der Männer muss einrücken, die Produktion geht demzufolge deutlich zurück. Der Männermangel schlägt

sich auch in der Feuerwehr nieder. An ihrer statt leisten fortan Frauen ihren Dienst, die fabrikseigene Frauenfeuerwehr entsteht.

---

[6] *zit. nach: Hagenauer, S. 36*

Abermals werden Kupferwalzen eingezogen, die Erzeugung kriegswichtiger Güter steht im Vordergrund. Damit noch nicht genug, setzen in den letzten Kriegsmonaten 1944-1945 zahlreiche Bombentreffer den Fabriksgebäuden erheblich zu, u.a. die Färberei wird zerstört.

Der Krieg ist vorbei, man blickt in die Zukunft

Und trotzdem, im Oktober 1945 kann die zivile Produktion wieder aufgenommen werden. Man arbeitet zudem eifrig daran, die Folgeschäden des Krieges zu beheben.

Rechtzeitig zum 100-Jahr-Jubiläum 1949 erscheint eine Festschrift, die Mut für Kommendes macht.

So erhält das Werk unter anderem einen neuen Hochleistungsspannrahmen, außerdem werden neue Waschmaschinen, automatische Jigger[7] für die Druckerei sowie eine neue Kesselanlage spendiert. Zudem kommt erstmals eine Filmdruckerei zum Einsatz.

Immer wieder jedoch kommt es zu kleineren oder größeren Rückschlägen, so etwa als bei einem Brand am 4. November 1951 eine Trockenkammer vollständig ausbrennt.

Die erste abgebrannte Trockenkammer. Alle anderen sind nur angebrannt.

Mit einer Ausstoßkapazität von zehn Millionen Metern spielt die Druckerei in den fünfziger Jahren eine gewichtige Rolle und steht wirtschaftlich gut da. 1957 arbeiten

---

[7] *Färbemaschine*

sechshundert Personen in der Fabrik. Knapp dreizehn Millionen Meter Stoff werden jährlich veredelt, die Mehrheit dessen landet auf dem Weltmarkt.

Doch die globalen wirtschaftlichen Veränderungen gehen auch am einstigen Vorzeigebetrieb nicht spurlos vorüber. Die Zahl der Mitarbeiter geht in weiterer Folge deutlich und konstant zurück. In ihrem Schließungsjahr arbeiten nur noch dreihundert Arbeiter und hundert Angestellte in der Druckfabrik. Die Jahresproduktion 1961 beträgt 7,5 Millionen Meter. Die Branche schwächelt, und eine notwendige Sanierung des Werkes scheint nicht mehr rentabel.

Es kommt, wie es kommen muss. Der Entschluss wird gefällt, das Werk zu schließen. Nicht ohne Widerstand, versteht sich. Am 2. April 1962 richten Vertreter des Betriebsrates ein Schreiben an den damaligen Bundeskanzler, Dr. Alphons Gorbach (siehe Faksimile).

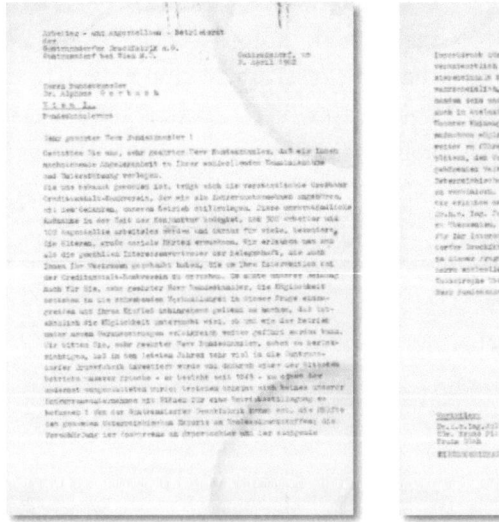
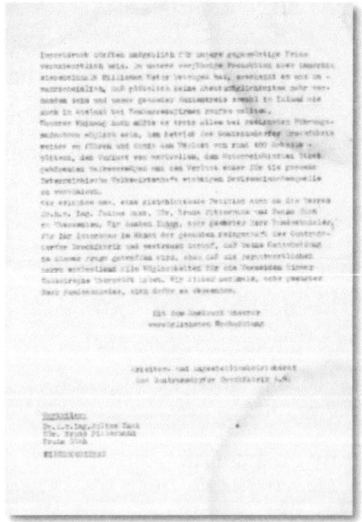

Ebenso richten sie am 6. des Monats einen Brief an Dr. Mayer-Gunthof. Die Bemühungen bleiben jedoch erfolglos.

Am 12. April antwortet Dr. Franz Mayer-Gunthof merklich betrübt: „[...] Leider Gottes hat sich aber die Konjunktur auch für die Druckindustrie in Europa so katastrophal entwickelt, dass der Aufsichtsrat verantwortungsbewusst einer Weiterführung des Betriebs nicht mehr das Wort reden konnte. [...]"

Eine Ära der lokalen Industriegeschichte geht damit zu Ende, doch der Mythos bleibt ...

... und soll auch in der Neunutzung weitergetragen werden.

Aus den Musterbüchern ...

Die Industrialisierung Europas – kurz betrachtet

Sie beginnt in der Textilindustrie an der Schwelle des 19. Jahrhunderts: die industrielle Revolution. Schon 1764 erfindet der Engländer James Hargreaves die auf „Spinning Jenny" getaufte Spinnmaschine, die zwar noch mit Muskelkraft angetrieben wird, jedoch als erste industrielle Spinnmaschine einen außerordentlichen Produktionszuwachs bedeutet – und als Anstoß für die Industrialisierung angesehen wird. Bald darauf, 1769, erfindet Richard Arkwright eine mit Wasser betriebene, von Menschenkraft unabhängige Spinnmaschine, genannt „Waterframe". Er errichtet in Folge Fabriken, die durch höhere Produktivität die bis dahin üblichen Manufakturen preislich unterbieten. Dies bewirkt, dass Handwerker und Heimarbeiter ihre Selbstständigkeit aufgeben (müssen) und zu Lohnarbeitern in den Fabriken werden. Das und die Aufnahme vieler ungelernter Personen führt zu einer Verringerung der Qualifikation der Arbeiter, da komplexe Arbeitsschritte in leicht zu erlernende Teilschritte zerlegt werden. Weitere Erfindungen, etwa der Dampfmaschine, wie auch die Mechanisierung der Arbeitsabläufe führen zur Verbreitung der Fabriken.

Immer mehr Betriebe verlegen sich im neunzehnten Jahrhundert auf die neuen Maschinen und auf Massenproduktion. Der Ausbau der Eisenbahnnetze, der Bau großer Dampfschiffe und die Erfindung des Automobils und der Luftschifffahrt verändern den Warenhandel weltweit. Mit den selbstständigen Industrieunternehmern bilden sich neue Führungseliten, die teils aus dem Ausland kommen, teils aus dem Adel oder aus dem Bürgertum des eigenen Landes. In den Fabriken selbst entstehen zwischen den ungelernten Arbeitern und den Facharbeitern große Diskrepanzen.

Der Arbeitskräftebedarf verlagert sich von der Landwirtschaft in die Fabriken, immer mehr Menschen wandern von den ländlichen Gebieten in die Nähe der Fabriken aus, vor allem in die Städte und deren Umland. Das führt dort zu sozialen Spannungen zwischen Alteingesessenen und Zugezogenen, Arm und Reich. Unzählige Menschen leben auf engstem Raum in elenden Wohnungen, sind in Fabriken oft gefährlichen Arbeitsbedingungen ausgesetzt und leiden unter langen Dienstzeiten. Als sich die Arbeiter damit nicht mehr abfinden wollen, entsteht die Arbeiterbewegung und mit ihr Gewerkschaften, die Sozialdemokratie und der Kommunismus, Arbeitervereine werden gebildet. Da auch Frauen als Arbeitskräfte benötigt werden, nehmen sie immer öfter am öffentlichen Leben teil, durch das neue Selbstbewusstsein erhält die Frauenbewegung Zulauf.

Ehemalige Baumwollspinnerei Pottendorf, in der sich heute u.a. das dortige Gemeindeamt sowie ein Festsaal befinden.

Die Gründung der Spinnerei Pottendorf 1801, die sich in Folge zur größten Spinnerei des Kontinents entwickelt, wird als Beginn der Industrialisierung in Österreich angesehen, wiewohl es schon zuvor erste Schritte in diese Richtung gegeben hatte, unter anderem am Standort der späteren Guntramsdorfer Druckfabrik[8].

---

[8] *siehe auch Seite 24*

Der Bau der Südbahn führt rasch zur Entstehung von ersten Indust-riezonen im Viertel unter dem Wienerwald, dem heutigen Industrie-viertel. 1833 gibt es vier Stoffdruckfabriken im Raum Mödling, 1867 eröffnet eine Metallwarenfabrik mit sechshundert bis siebenhundert Arbeitern, 1873 eine Maschinenfabrik mit Arbeiterwohnhäusern, wo sich später die Schuhfabrik Fränzel und in Folge die Korksteinfabrik etablieren, sowie eine Ventilatorenfabrik, ein Watteerzeugungsbe-trieb, ein Lokomotivreparaturbetrieb, eine Lackfabrik und etliche wei-tere. Nur wenige dieser Werke überleben die Wirtschaftskrise und die beiden Weltkriege.

Die Druckfabrik Guntramsdorf war wichtiger Arbeitgeber für Gun-tramsdorf und darüber hinaus, sie konnte nach den Zäsuren des zwanzigsten Jahrhunderts erfolgreich weitermachen, bis zum Jahr 1962, als sie den sich verändernden ökonomischen Bedingungen nicht mehr standzuhalten vermochte. Ein Betrieb, der über Jahrzehnte das Ortsbild und das wirtschaftliche wie auch soziale Leben der Marktge-meinde mitprägte, schloss seine Pforten.[9]

---

[9] *Quellen:*
Felix Czeike: Historisches Lexikon Wien, Verlag Kremayr & Scheriau, Wien 1992–2004
Geschichte der Industrialisierung in Österreich - www.uni-salzburg.at
www.noe.gv.at/noe/Geschichte-Landeskunde
blog.zeit.de/schueler/2014/01/23/industrialisierung-geschichte-revolution
othes.univie.ac.at › Diplomarbeit von M. Garstenauer - 2007
Erwin Stein (Hg.), Die Städte Deutschösterreichs, Band IX, Mödling, Deutscher Kommunal-verlag Berlin-Friedenau, Berlin 1933

Menschen und Maschinen

Gespräch mit Marianne Müller, geb. 12.1.1928

Ich habe dort gearbeitet von 15. November 46 bis 15. Februar 53, ich war in der Betriebsbuchhaltung und Kalkulation. Da habe ich mit drei Kollegen gearbeitet. Es hat dann auch noch eine eigene Buchhaltung für andere Sachen gegeben.

Also in der Druckfabrik wurden die einzelnen Fertigungsstellen mit Nummern bezeichnet, das waren die Färberei, die Legerei, die Druckerei, Appretur und noch ein paar andere. Das waren die Kostenstellen und jede Kostenstelle hat eine eigene Nummer gehabt. In der Betriebsbuchhaltung wurde in jeder Kostenstelle das eingetragen, was dort ausgegeben wurde, für Material usw. und das wurde gesammelt und aus dem dann der Preis der Stoffe kalkuliert.

Der Ablauf der Produktion gestaltete sich folgendermaßen: Angefangen hat es mit der Bleiche, der Stoff, wir haben Ware gesagt, wurde von Trattenbach geliefert und gebleicht, dann gewaschen und danach bedruckt. Es gab fünf Druckmaschinen und fünf Druckermänner, die die Druckmaschinen bedient haben. Die Ware ist auf einer Walze aufgewickelt gewesen und auf einem Mitlaufer geführt worden, das war ein Stoff, der immer wieder verwendet wurde und auf dem Band, auf dem die Ware gelaufen ist, unter dem zu bedruckenden Stoff gelegen ist, und da hat der Drucker eingeschaltet und so sind die verschiedenen Farben draufgedruckt worden. Der Stoff ist nach oben in die so genannte Mansarde im Obergeschoß, wo es warm war, geführt worden, und dadurch ist die Ware getrocknet, hinten wieder runtergekommen und aufgerollt worden. Von der Druckerei ist dann die Ware in die Appretur gekommen, damit sie gestärkt werden konnte, und von der Appretur in die Legerei. Dort waren Tische aus Glas, große beleuchtete Glastafeln waren das, da sind die Frauen gesessen. Ich wundere mich, dass die das ausgehalten haben. Die Ware ist über diese beleuchteten Glastafeln gelaufen und die Frauen haben Pickerl gehabt und mussten genau schauen, ob wo ein Fehler ist, ein Knitter oder so. Und wo ein Fehler war, musste man das Pickerl draufpicken. Und dann gab es andere Frauen, die haben den Stoff, die Ware, durchgesehen und auch wieder langsam laufen lassen und das, was fehlerhaft war, herausgeschnitten. Oft waren es nur kleine Stücke, ein halber Meter oder so. Diese herausgeschnittenen Stücke wurden dann auf Kilopackel gelegt und da konnte jeder Arbeiter und Angestellte einmal im Monat so ein Kilopackel günstig kaufen. Und die andere Ware ist dann gestabt worden, das waren zwei Eisenstangen, wo Metallplatten mit Nägeln dran waren, das war geeicht, damit es genau ein Meter war. Und so wurde die Ware dann meterweise gelegt. Und wenn sie fertig war, also der eine Ballen, dann wurde sie heruntergenommen und zwei Mal zusammengeschlagen und mit Bändern versehen und war verkaufsfertig.

Legerei

Die Muster, ja das war eine eigene Kostenstelle, das Musterzimmer. Die Druckfabrik hat Bücher gehabt mit vielen verschiedenen Mustern und es gab auch ein eigenes Zeichenbüro, da sind oft Studenten oder so gekommen und haben neue Muster vorgelegt und das wurde begutachtet und das oder jenes angenommen. Die Zeichner haben daraus verschiedene Zeichnungen gemacht und das wurde dann in die Gravur gebracht, wo kleine Walzen waren, und dort mit einem Stichel jedes Muster eingraviert, und von der kleinen Walze in der Gravur wurde es einen Stock tiefer in die Molettur gebracht, wo die richtigen großen Musterwalzen waren und dort auf diese übertragen. Das wurde eingespannt und dann ist die Ware über diese Walzen gelaufen. Dann ist sie wie gesagt appretiert worden, damit es einen Kern hat, und in die Legerei gebracht, wo sie verkaufsfertig gemacht wurde. Ich weiß, dass wir sehr viel exportiert haben, es gab ja auch die Kostenstelle Export neben Einkauf und Verkauf. Es war ein eigener Chef da, der mit den ausländischen Abnehmern verhandelt hat. Die Ware wurde ja sogar bis Japan verkauft. Aber hauptsächlich ist in Österreich verkauft worden, an Stoffgeschäfte.

Es waren zu meiner Zeit so ca. sechshundert Arbeiter beschäftigt. Als ich dort gearbeitet habe, war wirklich der Boom, glaube ich. Es waren die Leute aus der Umgebung, die dort tätig gewesen sind. Ich habe damals in Guntramsdorf gewohnt, meine Eltern besaßen ein Haus dort. Einige Angestellte - die Arbeiter glaube ich nicht - waren aus Wien. Was die Arbeiter verdient haben, weiß ich nicht, aber ich habe 580 Schilling pro Monat bekommen, im Jahr 1949, da haben sie mir einmal eine Erhöhung gegeben. Scheinbar waren sie zufrieden mit mir.

Die Arbeitszeiten waren von ¾ 7 bis ¾ 6 und am Freitag bis um 16 Uhr. Das Gehalt für die Angestellten ist monatlich ausbezahlt worden, an die Arbeiter glaube ich wöchentlich. Mittags war eine Stunde Pause. Es gab eine Betriebsküche für alle, wo man das Essen kaufen konnte. Es waren zwei oder drei Frauen, die gekocht haben. Eine wirklich erfreuliche Sozialleistung war, dass der Direktor Kögl mit einem Sportgeschäft sozusagen ein Geschäft gemacht hat, er hat zu dem Sportgeschäftsführer gesagt, wer ein Fahrrad will, der kann bei ihm eines kaufen und die Bezahlung erfolgt durch monatlichen Abzug vom Lohn. Das war sehr sozial und ich habe das genutzt und mir ein Fahrrad gekauft. Das Betriebsklima war eigentlich ganz gut. Zu den Berufen: es hat Drucker gegeben, Färber und dann auch die Hofpartie, das waren die Lastwagenchauffeure, Hofarbeiter und so und es gab auch Mechaniker für die Wartung der Maschinen, dann gab es auch ein Magazin für Werkzeug und eines für die ganzen Farben.

1952 habe ich geheiratet. 1953 haben sie meinen Vertrag aufgelöst, weil die Konjunktur schlechter geworden ist. Es war so, in der Registratur war eine ältere Dame, die wurde im Sinne der Sparmaßnahmen gekündigt und mir hat die Frau leidgetan, weil sie allein war und das gebraucht hat, und habe das geäußert. Und da hat dann irgendjemand gesagt: Na, wenn Ihnen die Frau so leidtut, dann gehen halt Sie. Und nachdem ich verheiratet war, habe ich gedacht, dann geh halt ich. Ich habe eine Abfertigung bekommen, wenn ich selbst gekündigt hätte, hätte ich keine bekommen.

Protokoll: Sylvia Unterrader

45

Ing. Johann Hufnagl, Praktikant in der Elektroabteilung der Druckfabrik in den Sommermonaten der Jahre 1950, 1952 und 1953

Aufgewachsen in Guntramsdorf, nicht weit weg von der Druckfabrik, hatte ich mein erstes prägendes Erlebnis im April 1945. Es war Mitternacht, wir hörten ein Grollen und sahen einen Feuerball und wir wussten, jetzt kommen die Russen. Mit einem Leiterwagerl haben wir schnell all unsere Habseligkeiten zusammengepackt und sind über die Badnerstraße in die Einödhöhlen geflüchtet. Dort haben wir uns von den Russen überrollen lassen. Später haben wir uns vorübergehend in Pfaffstätten bei einem Ehepaar einquartiert. Und als das Schlimmste vorbei war, sind wir mit dem Wagerl wieder Richtung nach Hause gezogen. Der Anblick war schrecklich, überall waren die Tore offen, aus den Häusern haben sie die Toten herausgeholt. Viele haben sich erschossen. Schließlich haben uns die

Russen zusammengefangt und in das Gelände der Druckfabrik gezerrt. Keiner wusste, was passiert. Es herrschte große Unsicherheit und Angst. Die einen meinten, wir bekommen etwas zu essen, die anderen fürchteten, wir würden erschossen.

Hinter uns haben sie dann das große Tor zugemacht. Wir waren eingesperrt. Die wenigen stärkeren Männer wurden herangezogen und mussten die bedruckten Stoffballen aufladen, während ein Russe daneben Ziehharmonika spielte.

Ein langer Lastzug stand am Gelände und die Russen haben alles aufgeladen, von dem sie meinten, sie könnten es brauchen. Transformatoren, Drehbänke ... Danach wurden wir alle wieder freigelassen. Ich kann mich noch sehr gut erinnern, ich war damals zehn Jahre alt und hatte keine Angst, aber die meisten Erwachsenen waren blockiert vor Angst.

Meine Ferialpraxis in der Guntramsdorfer Druckfabrik

Als Schüler der HTL Mödling war ein Berufspraktikum verpflichtend. Und so habe ich 1950 mein erstes Praktikum in der Druckfabrik absolviert. Ich habe im Sommer sieben Wochen als Elektriker dort gearbeitet. Dafür habe ich etwa fünfhundert Schilling bekommen und das war auch für damalige Verhältnisse eine elendige Bezahlung. Aber viel später habe ich erfahren, dass ein HTL-Professor einen Elektriker in der Duckfabrik kannte und ihm meine armseligen Familienhintergründe erzählte. Daher wurde ich dann nicht mehr so streng behandelt.

Eigentlich waren alle freundlich zu mir. Aber als Praktikant habe ich schon all jene Arbeiten bekommen, die den anderen unangenehm waren. In den heißesten Kammern, da hat es siebzig Grad gehabt, wo die Stoffe zum Trocknen durchgelaufen sind, habe ich demontiert. Die Luft war stickig und ich bin auf Leitern gestanden ohne Absicherung, in fünf Metern Höhe.

Ich hab noch eine sehr lebhafte Erinnerung an die großen Stoffballen, die da durchgelaufen sind. Und die elende Luft, die Hitze, der Gestank.

Ich hatte fix geregelte Arbeitszeiten ab sieben Uhr, wobei Samstag vormittag noch ein regulärer Arbeitstag war.

Insgesamt habe ich drei Mal in der Druckfabrik gearbeitet, später dann auch andere Jobs angenommen, bei denen ich mehr verdienen konnte.

Protokoll: Lilly Unterrader

Details der heute noch in Betrieb befindlichen Elektroanlage.

Zukunftsvisionen – Der Planungswettbewerb TU-Wien

Wie soll es weitergehen mit der Druckfabrik? Viele Köpfe beschäftigten sich bereits mit der Fragestellung. Im Wintersemester 2007/08 betraute die Gemeinde Guntramsdorf auch Architekturstudenten der TU Wien im Rahmen des Studios Städtebau mit dem Projekt. Die Aufgabenstellung dabei war, das Gelände der geschichtsträchtigen Druckfabrik in ein zukunftsweisendes Areal zu verwandeln. Robert Weber dazu: „Mir war diese Arbeit der StudentInnen damals sehr wichtig, um einerseits der Bevölkerung, aber auch uns Politikern die Möglichkeiten näherzubringen, die dieses Areal in sich birgt!"

Zahlreiche Arbeiten wurden eingebracht, die 30 besten Projekte im März 2008 im Rahmen einer Ausstellung in der Druckfabrik vorgestellt. Der damalige Bürgermeister Karl Sonnweber und sein Vize Robert Weber prämierten dabei die Siegerprojekte.

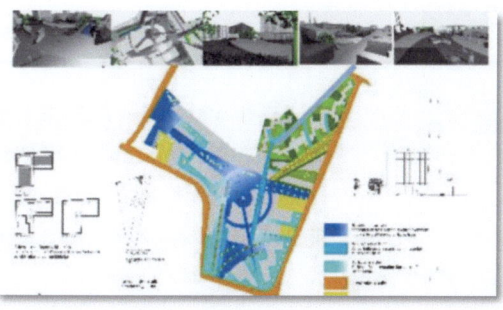

Der erste Platz ging an Szabolcs Petöfi und Clemens Russ, die unter dem Titel „revitae" folgenden Ansatz verfolgten: „… möglichst viel der bezaubernden Fabrikbauten der Druckfabrik zu erhalten und es durch eine relativ radikale Maßnahme aufzuwerten, denn radikale Situationen verlangen dementsprechende Lösungen!" So verwoben die

beiden Studenten Altes mit Neuem, indem sie etwa Details wie Stadt-
möbel in deren Mustergebung an die Muster der Gewänder der alten
Druckfabrik anlehnten.[10]

Sie argumentierten weiter: „Dementsprechend galt es als höchstes
Ziel, einen Kontext zwischen Altbewährtem, Ehrfurcht und Einfluss
und dem schier Neuen herzustellen und geltend zu machen" und reg-
ten eine Windsorhochschule zur Erweiterung des lokalen Bildungsan-
gebots, die Wiedererschaffung vieler österreichischer, totgeglaubter
Kleinbetriebe für eine Marktatmosphäre sowie die Einzelbebauung
im Sinne der Wohnraumschaffung an.

Platz 2 ging an das Projekt von Marion Kiffel und Pola Dietrich[11]. Ihr
Ansinnen: eine Brücke zwischen Neu- und Altguntramsdorf zu schla-
gen. „Durch einen großen Wohnungsanteil auf unserem Planungsge-

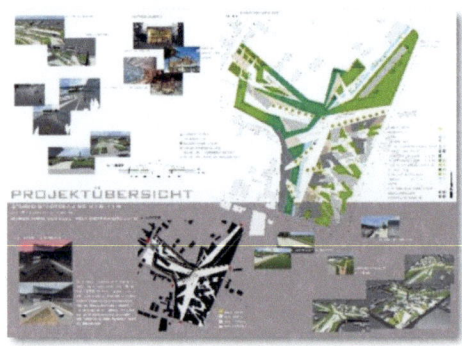

biet und den großzügigen
Verkaufszonen wollen wir
auch jüngere Familien in
den alten Ortsteil locken.
Unser Projekt soll ein
neues Zentrum bilden, wo
alt & neu aufeinandertref-
fen." Eine begrünte Dach-
landschaft, auf der ganz in
Guntramsdorfer Tradition auch Weinreben angepflanzt werden können, war dabei nur eine ihrer Ideen.

---

10   Nach: Russ, Clemens (Matnr. 0526130) und Petöfi, Szabolcs (Mat Nr. 0350724), Projekt
     „revitae", WS 07 an der TU Wien, Studio Städtebau.
11   Nach: Kiffel, Marion (Matnr. 0526636) und Pola, Dietrich (Mat. Nr. 0450540), Projekt
     gr. 7 Schnepper,Hagen, WS 07 an der TU Wien, Studio Städtebau.

Platz 3 im Studenten-Wettbewerb holten sich ex aequo Marie-Christine Deutschmann und Wolfgang Werschnig sowie Martin Zisterer und Andreas Niederfriniger. Deutschmann und Werschnig widmeten sich in ihrem Projekt mit dem klingenden Namen „Solaris" in erster Linie der Wohnraumschaffung.[12]

Martin Zisterers und Andreas Niederfrinigers Ansatz im Projekt „Refresh" war es, die Druckfabrik an das umgebende Gemeindegebiet anzuschließen.[13] Eine Verbindung der beiden Hauptplätze, die gleichzeitig „in eine Abfolge von Plätzen eingebunden sind, soll eine gewisse Abhängigkeit voneinander erzeugen", stand unter anderem auf ihrer Agenda. Ihre lokalen Ankerpunkte dabei waren: die Umnutzung bestehender Räume, die Druckfabrik als Marke zu etablieren, das Öffnen der Druckfabrik und der Ausblick auf die Weinberge.

---

12 Nach: Deutschmann, Marie-Christine (Mat.Nr. 0220486) und Werschnig, Wolfgang (Mat.-Nr. 0440424), Projekt Solaris, WS 07 an der TU Wien, Studio Städtebau.

13 Nach: Zisterer Martin (Mat.nr. 0526050) und Niederfriniger, Andreas (Mat.Nr. 0527389), Projekt „Refresh", WS 07 an der TU Wien, Studio Städtebau.

Nachwort

Es war eine höchst spannende Zeitreise, die wir unternommen haben. Die lokale Geschichte zu erforschen, noch dazu, wenn ein persönlicher Aspekt der Anlass ist, die Auswirkungen auf die Gegenwart sowie Interpretationen für die Zukunft zu erkunden, war eine wunderbare und interessante Aufgabe.

Kleine Überraschungen inklusive, als wir die Fabrik gemeinsam mit Bürgermeister Robert Weber besichtigten und auf bisher unbekannte Dokumente und Artefakte stießen. Bei ihm vor allem bedanken wir uns, seine großartige Unterstützung hat dieses Projekt erst möglich gemacht.

Wir durften im Heimatmuseum Unterlagen sichten und stießen dabei auf wunderschöne Stoffmuster, mehr als hundert Jahre alte Schriftstücke etwa über Personalangelegenheiten oder Zubaugenehmigungen, teilweise in Kurrentschrift, Baupläne, Fotos und Zeitungsausschnitte, die beredtes Zeugnis ablegen über Geschichte, Ereignisse, Arbeitsbedingungen und vieles mehr. Josef Koppensteiner stand uns dort mit Rat und Tat zur Seite.

Der ehemalige Feuerwehrkommandant Guntramsdorfs, Robert Moser, ließ uns an seinen eigenen Forschungen über die Betriebsfeuerwehr und über einstige Brandeinsätze teilhaben.

Es war eine Freude, den beiden ehemaligen Mitarbeitern Marianne Müller und Johann Hufnagl zuzuhören, als sie sich an ihre Zeit in der Fabrik erinnerten.

Allen genannten und ungenannten Personen danken wir für ihre Zeit, ihre Hilfe, ihr Mitwirken.

Die Herausgeberinnen

Sylvia Unterrader   *Mag^a Lilly Unterrader*

Biografien der Herausgeberinnen:

Sylvia Unterrader (*1953, Mödling), Schriftstellerin und Kulturmanagerin. Organisation zahlreicher kultureller Projekte; Vortragstätigkeit im In- und Ausland. Mehrere literarische Veröffentlichungen, u.a. „Distanzen" (Erzählung, Literaturedition NÖ 2006) sowie Herausgabe von Anthologien, zuletzt „Lateinamerika" gemeinsam mit Beatrix Kramlovsky (Podium Nr.175/176, 2015), sowie Sachbüchern.

Maga Lilly Unterrader (*1977, Wien), Studium der Germanistik und Publizistik. Diplomarbeit über „Die Rechtschreibreform 1998 im Spiegel der österreichischen Printmedien". Journalistin im Business-to-Business-Bereich für Print, Online und Social Media; freischaffende Texterin und Korrektorin, Gestaltung und Moderation von Beiträgen für Radio und Fernsehen, Kleindarstellerin.

Redaktion, Recherche und Lektorat:
Mag^a Lilly Unterrader, Sylvia Unterrader
Layout:
Sylvia Unterrader

Das Titelzitat „ … das Schmuckbedürfnis vor allem preiswert zu stillen …" wurde der Festschrift „100 Jahre Druckfabrik" von 1948 entnommen (Seite 11, Buch im Besitz des Ernst Wurth Heimatmuseums Guntramsdorf)

Foto- und Dokumentennachweise:
Titelfoto: Marktgemeinde Guntramsdorf
Seite 7: Robert Weber privat
Seite 8: privat
Seite 13: Ausschnitt Kurier 2007 Foschum/Ernst Wurth Heimatmuseum Guntramsdorf
Seite 15: Robert Weber/S. Unterrader
Seite 19 bis 22: Marktgemeinde Guntramsdorf/ L. Unterrader
Seite 23: Robert Moser/Feuerwehr Guntramsdorf/Nothnagl
Seite 25: Porträt Vitus Mayer aus Festschrift „100 Jahre Druckfabrik" von 1948
Seite 30: Robert Moser/Feuerwehr Guntramsdorf
Seite 31: Plan Kesselhaus/ Ernst Wurth Heimatmuseum Guntramsdorf
Seite 32: Betriebsordnung/ Ernst Wurth Heimatmuseum Guntramsdorf
Seite 32: Damenfeuerwehr/ Robert Moser/Feuerwehr Guntramsdorf
Seite 33: Festschrift/ Ernst Wurth-Museumsverein
Seite 33: Brand 1953/ Robert Moser/Feuerwehr Guntramsdorf
Seite 34: Brief Betriebsrat/Ernst Wurth-Museumsverein
Seite 35: Marktgemeinde Guntramsdorf
Seite 36: Ernst Wurth-Museumsverein
Seite 38: S. Unterrader
Seite 40 und 41: Ernst Wurth-Museumsverein Guntramsdorf
Seite 42: Familie Fahrenberger/Müller privat
Seite 43: aus Festschrift „100 Jahre Druckfabrik" von 1948
Seite 46: Johann Hufnagl/L. Unterrader
Seite 48: Elektroanlage/S. Unterrader
Seite 49 bis 51: Wettbewerbspläne mit freundlicher Genehmigung der TU Wien

Wir danken allen Personen und Institutionen, die uns bei Recherche und Vorbereitung für diese Publikation unterstützt haben und mit Material, Zeit oder finanziell zur Verwirklichung beigetragen haben.

Gleichzeitig bitten wir um Nachsicht und Entschuldigung bezüglich eventuell fehlender Quellen, da wir manche nicht oder nicht genau eruieren konnten.

Bei Originaltexten wurde die jeweilige Rechtschreibung beibehalten.

Weiterführende Informationen:

Adressen und Links:
Druckfabrik Guntramsdorf, Mühlgasse 1, 2353 Guntramsdorf
www.druckfabrik.at

Ernst Wurth-Museumsverein
Ernst Wurth Heimatmuseum, Schulgasse 2a, 2353 Guntramsdorf
https://www.heimatmuseum-guntramsdorf.at

Marktgemeinde Guntramsdorf Betriebs- und Liegenschaftsges.m.b.H.
Rathaus Viertel 1/1, 2353 Guntramsdorf
https://www.guntramsdorf.at

Museum Walzengravieranstalt Guntramsdorf
Steinfeldgasse 4, 2353 Guntramsdorf
www.walzengravieranstalt.at

https://guntramsdorf.topothek.at